LA LIBERTÉ DE LA PRESSE

DEVANT LE CORPS LÉGISLATIF.

LA LIBERTÉ

DE LA PRESSE

DEVANT

LE CORPS LÉGISLATIF

Par ERNEST MERSON,

*Rédacteur en chef de l'*UNION BRETONNE.

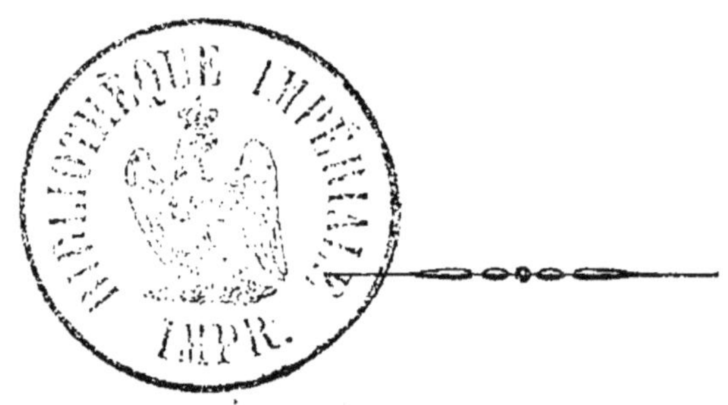

PARIS

E. DENTU, LIBRAIRE-ÉDITEUR,

PALAIS-ROYAL, GALERIE D'ORLÉANS

Mai 1867.

Les pages qui suivent ont été imprimées dans l'*Union Bretonne*, journal de Nantes, au fur et à mesure que les circonstances les dictaient.

Réunies aujourd'hui en chapitres, portant chacun son titre et sa date, elles sont présentées au public comme l'expression d'une conviction sincère, mûrie par l'expérience, développée par l'étude, affermie par le plus entier dévouement à l'Empereur et à la fois par la plus ardente passion du juste et du vrai.

Ce n'est pas un examen approfondi des questions relatives à la liberté de la presse que l'auteur a entendu faire ; ce sont des observations rapides, mais loyales, qu'il a voulu présenter, quand s'agitent de redoutables problèmes et quand l'avenir de la France, lié intimement à la consolidation de la dynastie, semble menacé dans ce qu'il a de plus essentiel et de plus vital ; c'est surtout le cri d'une conscience émue qu'il a essayé de faire entendre à ces heures presque décisives où le Corps législatif, saisi d'une loi généreuse jusqu'à l'imprudence, est appelé à marquer une date heureuse ou néfaste dans l'histoire de la patrie.

Jamais des appels faits à la sagesse ou à la prévoyance ne sont absolument inutiles. Même frappés d'abord de stérilité, ils laissent leur écho et leurs traces, et il arrive infailliblement un jour où ils sont écoutés, satisfaits, tout au moins compris.

C'est ce sentiment qui a inspiré ce travail dans sa forme primitive ; c'est cette foi qui a déterminé la publicité nouvelle et moins éphémère qu'on lui donne aujourd'hui.

LA LIBERTÉ
DE LA PRESSE
DEVANT
LE CORPS LÉGISLATIF.

LA SITUATION

30 mars.

La démission de M. le comte Walewski, dans les conditions où elle s'est produite, est bien plus qu'un incident; c'est un événement, dont il est à souhaiter que les conséquences aient leur prompte et libre manifestation.

Depuis quelques mois, le gouvernement impérial a fait des fautes, qu'on a attribuées justement ou faussement à l'influence de M. le comte Walewski.

L'influence morte, les fautes doivent être corrigées dans le plus bref délai; parce que le pays en souffre et qu'on n'aurait plus le droit d'en faire peser la responsabilité sur l'homme d'État disgracié.

Là-dessus nous appelons la plus sérieuse attention des hommes dévoués et habiles qui occupent le pouvoir. S'ils ne rectifient pas bien vite des erreurs regrettables, dont la majorité législative s'est alarmée à bon droit et dont l'opinion s'inquiète, ils donneraient à croire que la chute du président de la Chambre est le résultat d'une intrigue, ce qu'on n'accepterait certes pas volontiers.

Les fautes dont nous parlons, sont :

1° Le projet de loi sur la presse;

2° Le projet de loi sur le droit de réunion.

Ces deux projets de loi ont été mal accueillis par les amis de l'Empereur; ils sont perfidement exploités par ses ennemis. Le premier, s'il est voté, livrera le pays à l'anarchie des idées et déterminera des malheurs irréparables peut-être. Au cas où le Corps législatif ne lui ferait point subir des réformes sérieuses, le second engendrerait les plus graves complications.

Notre dévouement nous autorise à dire sur ces projets de loi toute la vérité, et nous entendons ne nous y ménager point.

Spécialement, nous demandons le retrait du projet de loi sur la presse, que nous avons combattu successivement et personnellement devant l'Empereur, devant les ministres, devant le conseil d'État, devant la commission du Corps législatif, et que nous combattrons encore devant le public, parce qu'il nous paraît pernicieux et plein de périls. Ce n'est point certes que la liberté nous épouvante; c'est parce que le moment est mal choisi pour lui donner tout son essor, quand les partis en éveil se préparent sans cesse pour des batailles funestes et terribles. Qu'on fasse, en temps opportun et avec les préparations nécessaires, des concessions sages et graduelles : rien de mieux; mais que, sans ménagement, on livre tout d'un coup le pays à des disputes qui seront inévitablement bientôt des combats emportés : rien de pire.

On peut s'en rendre compte aux marques d'allégresse des partis, à leurs audaces soudaines surtout, et à l'affliction qu'éprouvent tous les bons citoyens, rien qu'au pressentiment des dangers dont vont être menacés l'ordre et la paix intérieure.

Que M. le ministre d'État interroge les préfets, les magistrats, tous ceux qui sont mêlés aux mouvements de l'opinion, au moins pour les étudier, et il acquerra promptement à cet égard une de ces convictions fortes, qui, apportées dans les conseils du Souverain, peuvent inspirer les résolutions les plus efficaces, et en un seul jour sauver tout ce qui est compromis.

Nous ne prétendons point qu'il n'y ait rien à faire à l'égard de la presse. Loin de là. Une portion du système dont on veut se séparer nous paraît devoir être modifié; mais, quant à l'ensemble du décret-loi de 1852, il ne faut pas l'abroger, parce qu'aussi bien il a établi le seul régime qui, en donnant pleine garantie au pouvoir, sauvegardât la dignité du journaliste en même temps que la sécurité du journalisme. « C'est la seule bonne loi sur la presse, » a dit un jour devant nous un homme éminent de la situation, qui possède la plus haute confiance de M. Rouher; et c'est tout-à-fait l'avis, sinon des énergumènes et des factieux, du moins de tous les gens sages, à quelque nuance de l'opinion qu'ils appartiennent. Or, cette bonne loi, pourquoi s'en séparer, alors qu'il suffirait d'y apporter quelques changements pour la mettre en complète harmonie avec les progrès du temps et donner satisfaction à certaines exigences acceptables.

Pour préciser, n'aurait-on pas bien pu faire disparaître ce qu'on a appelé « l'arbitraire administratif », sans lui substituer ce qu'on nomme déjà « l'arbitraire des tribunaux ? » Assurément rien n'était plus facile, et M. Fernand Giraudeau l'a établi, il y a quatre ans, en demandant l'institution d'une commission composée de sénateurs, de députés, de conseillers d'État et de journalistes, qui aurait eu mission de donner les autorisations, de prononcer les avertissements, etc. Ce système était libéral, modéré, et, tout en sauvegardant le gouvernement, l'État, la société, il eût donné des satisfactions réelles à la presse, même à la presse de l'opposition, si difficile d'ailleurs à contenter.

M. Boinvilliers a adopté ce système, mais en demandant le conseil d'État au lieu de la commission mixte, et en substituant, quant à la pénalité, l'amende à la prison.

A notre tour, nous nous rangeons à l'avis de M. Fernand Giraudeau, mais sans le modifier aucunement; la commission mixte nous semblant préférable à l'action directe de cette magistrature officielle qui s'appelle le conseil d'État, et l'avertissement étant infiniment plus doux que l'amende, si minime qu'en puisse être le chiffre.

En tout cas, de toutes nos forces, de tout notre attachement à l'Empire, de tout notre libre et loyal dévouement à l'Empereur, nous repoussons le projet de loi actuel, qui, s'il est adopté, amènera des excès d'où l'on verra infailliblement naître une autre révolution ou une nouvelle dictature : deux extrémités que les bons citoyens redoutent, et dont les hommes d'État clairvoyants doivent écarter avec soin la menace.

A la révolution nous préférerions, bien entendu, la dictature; mais nous gémirions de voir que, par des faiblesses, des concessions imprudentes ou un abandon intempestif, on rendît l'emploi de la force indispensable pour remédier à un mal qu'il est aisé aujourd'hui d'empêcher, et pour sauver une société qu'il est cependant bien naturel et bien simple de ne pas compromettre.

Encore un coup, nous croyons que la retraite de

I. le comte Walewski peut être le point de départ d'un etour décisif aux bonnes, aux saines doctrines gouernementales, et nous adjurons M. Rouher, au nom e la paix publique, dans l'intérêt de cette patrie qu'il ert avec tant d'éclat, de retirer le projet de loi sur presse, sauf à apporter des modifications raisonables à la législation actuellement en vigueur.

———

LES LOIS NOUVELLES

5 avril.

Avec une entière liberté, supérieure à tous calculs étroits, à toutes combinaisons rétrogrades, nous avons dit, des projets de loi sur la presse et sur le droit de réunion, ce que nous inspirent et la froide raison et la consciencieuse étude de la situation, et notre respectueux dévouement à l'Empereur ; nous avons dit ce que nous a dicté notre ardent désir de voir l'Empire, se plaçant hors des compétitions des partis, s'affermir par l'apaisement des esprits, la satisfaction réelle des intérêts légitimes, la mise en déroute des entreprises ennemies.

Les grandes circonstances commandent les grands

devoirs. Peu nous importe de plaire actuellement à celui-ci ou d'établir un désaccord avec celui-là. Ce que nous poursuivons uniquement, c'est la manifestation sincère et complète de la vérité. Là est le seul rôle digne de la presse indépendante ; là est le service que le gouvernement doit attendre de tous ceux qui, avec un égal éloignement pour la malveillance ou le servilisme, ont l'ambition d'être partout et toujours des amis honnêtes et de bons citoyens.

L'espoir que nous avions exprimé à l'égard du retrait des deux projets de loi politiques dont la Chambre est saisie, ne s'est point réalisé : il ne se réalisera sans doute point. Notre confiance avait fait fausse route. L'*Étendard* nous l'a appris hier, en un langage triomphant, avec de grands airs de conviction d'autant plus chaleureuse qu'elle est plus récente, et de façon à nous humilier ou à nous confondre, si nous ne savions placer le sentiment du labeur accompli bien au-dessus des échecs personnels ou des puérils froissements d'amour-propre.

Les projets de loi demeurent, contrairement à ce que nous avions demandé ; ils demeurent quand les hommes d'État eux-mêmes qui les ont rédigés les trouvent imparfaits et dangereux. C'est bien. Mais est-ce à dire que les commissions qui les étudient n'y apporteront pas des modifications radicales ? Est-ce à dire que le Corps législatif les adoptera passivement, sachant qu'ils seraient des armes funestes aux mains des partis, et qu'on entend déjà en faire des instruments de discorde et de destruction? Bien évidemment, non; et plus nous savons la majorité attachée à la dynastie impériale, plus nous avons de sécurité dans le ferme exercice qu'elle voudra faire de l'indépendance, de l'autorité de ses votes.

Le projet de loi sur la presse est funeste; nous pourrions ajouter en toute vérité : il est mortel. S'il était adopté, non-seulement toute répression serait impossible, mais encore toute surveillance serait inefficace, toute garantie dont on chercherait à s'environner serait illusoire. On éprouverait cela bientôt, presque tout de suite; mais voyant, sentant, expérimentant le mal, il ne serait déjà plus temps d'y pourvoir, et l'on se trouverait comme forcé de le laisser étendre ses ravages jusqu'au moment où la nécessité commanderait impérieusement quelque résolution énergique et suprême.

Évidemment, il faudrait contenir par la force les ressorts qu'on aurait laissé se détendre outre-mesure. Mais n'aurait-il donc pas été meilleur et plus sage de se préserver contre l'excès de la compression, en ne s'exposant point aux excès de la licence?

Ce qui nous alarme dans le projet de loi, ce n'est point telle ou telle de ses dispositions, qu'on peut modifier, la sachant injuste ou mauvaise; c'est son principe lui-même, qu'il faut ou admettre absolument ou absolument rejeter. Ce principe est gros de périls, d'orages, d'événements de la dernière importance. L'opposition le sait bien : voilà pourquoi elle y insiste. Il faut que le Corps législatif se pénètre de cela, afin que sa majorité ait le courage de braver ce je ne sais quoi d'éphémère et de trompeur qu'on appelle la popularité, en refusant d'y souscrire.

Le gouvernement a fait son devoir sans doute, en proposant, par l'abolition de l'autorisation préalable, d'ouvrir l'ère de la liberté de la presse sans limites et pour ainsi dire sans frein. La Chambre fera aussi le sien, elle répondra à ce que le pays attend d'elle, en déclinant cette offre inopportune et trop généreuse. Assurément nous ne voulons point assombrir le tableau de la politique générale; nous ne pressentons aucun événement d'une importance européenne; pour bien dire, nous croyons à la paix, non à la guerre, même au milieu des complications qui peuvent naître, d'un jour à l'autre, de l'incident luxembourgeois et des affaires d'Orient. Cependant il nous paraît que toutes les difficultés extérieures ne sont pas définitivement aplanies ou écartées, et qu'il n'est nul besoin de voir la presse les aggraver par les embarras intérieurs qu'elle ne manquera pas, avec le défaut complet de patriotisme qui la signale, de faire naître, pour rendre la situation de l'Empire plus perplexe et moins sûre, moins ferme et plus vulnérable.

A ce sujet, nous sollicitons l'attention très-sérieuse de tous les bons esprits; parce que c'est l'un des points essentiels et presque la caractéristique de la question.

Faites que l'horizon soit libre de tout nuage, et il y aura peu de danger à débrider la presse. Faites qu'on ne rencontre plus de factions en France, nourrissant des projets coupables, et il n'y en aura plus du tout. Mais, tant que le pouvoir impérial sera contesté par des groupes malveillants à l'intérieur ; tant qu'il existera à l'extérieur des incertitudes ou des menaces, il serait imprudent et au plus haut degré périlleux d'abandonner le journalisme à lui-même, et d'enlever à la société, vis-à-vis de ses emportements, cette garantie naturelle et nécessaire qu'on appelle « l'autorisation préalable. »

A cause de tout ce qui peut être compromis par une concession faite à ce faux esprit libéral qui se donne aujourd'hui carrière, il nous semble qu'il ne saurait y avoir longtemps, parmi les membres de la majorité, hésitation ou doute, et que, le moment venu, le Corps législatif saura prendre le bon parti. Il y a longtemps qu'on l'a dit, le lendemain de l'Empire, si l'Empire, par disgrâce, avait un lendemain, n'appartiendrait ni à la légitimité, ni à l'orléanisme, ni à la république modérée, ni à rien de calme ni d'honnête ; il serait tout entier à la démocratie extrême, à la démagogie anarchique. Or, il ne faut pas que ce lendemain se lève ; il ne faut pas que le rideau tombe sur tout ce qui nous enorgueillit et nous préserve ; il ne faut pas que l'on ferme volontairement la période salutaire où, suivant une parole demeurée célèbre, les bons ont appris à se rassurer et les méchants à trembler.

Le Corps législatif a une haute mission à remplir. Nous avons la confiance qu'il n'y faillira pas. En assurant l'affermissement du pouvoir, il grandira l'influence de la politique nationale et garantira le salut de la patrie. Sans doute les factions hostiles en éprouveront un vif déplaisir ; mais cela pèse-t-il donc en face du calme, de la sécurité, du plein contentement donné aux bons citoyens ?

LES LOIS SUR LA PRESSE.

12 avril.

En 1835, M. Thiers, qui, alors au pouvoir, se montrait conservateur à toute outrance, disait en présentant les lois dites « de Septembre » : « Ce que nous voulons, c'est tuer le journalisme carliste et républicain. »

En 1867, on procède bien autrement. En tout cas, il est certain que le projet de loi sur la presse, s'il est voté, engendrera des conséquences tout-à-fait contraires au but que ses inspirateurs ont dû naturellement s'en proposer. Loin de rien garantir, il aura pour inévitables résultats : 1º d'anéantir le journalisme gouvernemental, par les faveurs inouïes qu'il consacre au profit des deux *Moniteurs* et des feuilles non politiques ; 2° de développer outre mesure le journalisme légitimiste, orléaniste et socialiste, par la suppression de l'autorisation préalable.

Cela a été établi, l'autre jour, très-nettement par le *Courrier français*, organe d'un groupe de radicaux, qui n'a pu réprimer en lui le cri de la vérité. « La nouvelle loi, dit-il, désarme le gouvernement. » Il ajoute toutefois, se trompant en ce point : « Elle désarme aussi la démocratie. » Nous croyons, au contraire, qu'elle arme fortement la démocratie, en même temps que les autres partis hostiles ; mais il suffirait qu'elle enlevât une seule des garanties dont le pouvoir doit s'entourer, pour qu'on fût autorisé à la trouver mauvaise. En réalité, un général assiégé dans une place serait-il bien avisé et bien sage d'enclouer ses canons, de noyer sa poudre, de disperser ses soldats, et du même coup de pourvoir ses ennemis d'un surcroît d'artillerie, même de leur fournir des vivres et des munitions ? C'est là justement ce que le projet de loi pratique, ou, pour plus exactement parler, propose de pratiquer.

Pour préciser la question et la rendre claire à toutes les intelligences, on peut la résumer en ces termes : Si les lois de Septembre n'ont point préservé la Royauté de Juillet contre les entreprises d'une presse contenue avec soin, l'Empire, tant fort soit-il, pourra-t-il résister toujours au déchaînement de passions qui n'auront pour ainsi dire nulle part de tempéraments ni de contre-poids ?

Mais, après qu'on s'est interrogé anxieusement à cet égard, on s'épouvante à bon droit d'une situation créée comme à plaisir, contre laquelle tous les intérêts politiques et sociaux protestent, et que le Corps législatif ne voudra sans doute point sanctionner ou maintenir.

Du reste, le projet de loi sur la presse a le rare privilége de provoquer contre soi toutes les opinions et tous les partis.

A cause des peines pécuniaires qu'il édicte, avec la juridiction des tribunaux correctionnels au lieu du jury, l'opposition s'insurge contre lui et proteste. Elle déclare aimer mieux le régime des avertissements, qui, en effet, ne lui a jamais été ni bien lourd, ni bien onéreux, ni bien offensant.

A cause de l'autorisation préalable qu'il supprime, les amis sincères du gouvernement le redoutent et le signalent comme une erreur et un sérieux danger.

De telle sorte qu'il n'est bien accueilli par personne ; on peut presque ajouter qu'il n'est pas avoué par ceux-là même qui l'ont rédigé, et dont pas un n'hésite à décliner toute responsabilité dans le mal qu'il est destiné à faire, dans tout le bien qu'il ne manquera pas d'empêcher.

Dans cette situation, on a le droit apparemment de réclamer pour qu'il soit retiré, ou enterré, ou repoussé.

Il peut être retiré par le gouvernement, qui, voyant ses amis et ses ennemis également mécontents, doit se trouver très à l'aise pour annuler son initiative trop généreuse, et en revenir au décret-loi de 1852, susceptible toutefois d'être modifié dans quelques-unes de ses prescriptions répressives.

Il peut être enterré par la commission, qui, pénétrée de ses devoirs, éclairée par l'instruction laborieuse à laquelle elle s'est livrée, envisageant le péril et voulant l'écarter, — semble autorisée à l'ensevelir dans l'ajournement indéfini.

Enfin, il peut être repoussé par le Corps législatif, qui, frappé du vice de la loi et des inconvénients graves qu'elle présente, a bien le droit de n'y pas souscrire.

Nous ne vivons point en un de ces temps apaisés et complétement sûrs où il soit bon de faire des expériences, de courir des aventures ou de tenter des épreuves. Au contraire, il est à propos, aux jours discutés et disputés où nous sommes, de se poser, pour toutes les circonstances, ce point d'interrogation mystérieux et redoutable : Après ?

Oui, après ?

Ce mot là est plein d'obscurités et d'incertitudes ; il renferme l'inconnu, et l'inconnu, quand les passions politiques sont en éveil, quand il s'opère un travail permanent d'opposition et de malveillance, est presque toujours pernicieux et peut même être irréparablement funeste.

Du reste, s'il pouvait, avant ces heures, y avoir hésitation, soit dans le gouvernement, soit dans la commission, soit dans la Chambre, la violence du langage auquel se livrent actuellement certains organes de l'opposition serait de nature à la dissoudre. Avec la loi restrictive de 1852, plusieurs journaux donnent le spectacle de scandales contre lesquels l'autorité est, comme malgré elle, contrainte de sévir ; les excès de la polémique deviendraient évidemment sans mesure sous l'empire de la loi libérale de 1867.

Cela, du premier abord, saisit tous les esprits, et doit être, pour tous les honnêtes gens, une lumière dans la question. Si l'on se permet des licences sous le régime de « l'arbitraire, » il est certain qu'on se livrera au pire désordre, aux attentats les plus coupables sous le régime de la liberté.

Mais qu'on ne s'y trompe point : ce que la presse ennemie menace, à quelque parti qu'elle appartienne, quelque couleur qu'ait sa cocarde, c'est plus que le gouvernement, plus que le système, plus que la dynastie; c'est l'existence même de l'ordre social. On prétendra que nous exagérons à plaisir la situation : c'est une erreur; nous l'établissons au vrai. L'anarchie seule pouvant succéder au pouvoir impérial, tout ce qui tend à renverser ce pouvoir, est complice de l'anarchie. La logique la plus élémentaire l'affirme, en même temps que le plus simple bon sens. Or, l'ordre social se trouvant compromis, doit-on, sous un prétexte frivole de libéralisme, l'abandonner en s'abandonnant soi-même, et le mettre à la merci de la révolution ?

Voilà toute la question, instante et brûlante, qui s'impose impérieusement aux réflexions, à l'étude, à la loyauté, à la clairvoyante prudence de chacun et de tous. Voilà toute la question, qui, débattue sainement, envisagée à froid et bien comprise, doit ne rien laisser subsister du projet de loi sur la presse, dont le but semble être de tout détruire, quand il devrait se proposer pour terme de tout préserver.

Il est vrai, des indices satisfaisants nous viennent de Paris, précurseurs bien accueillis d'une solution ardemment souhaitée. La *Presse* annonçait hier, comme bruit, que le projet serait retiré. Si cette nouvelle se vérifiait, le pays en éprouverait, ainsi que la Chambre, un grand soulagement ; et l'opinion publique, satisfaite, s'affermirait de plus en plus dans sa foi dynastique, tandis que, pleine de reconnaissance, elle s'empresserait à féliciter avec élan le ministre qui aurait pris une telle initiative, si féconde et si sage.

LA LIBERTÉ DE LA PRESSE & M. BILLAULT

19 avril.

Un homme du plus grand sens politique, dont la France et l'Empereur déplorent encore la perte, et dont le nom revient comme de lui-même au souvenir de chacun quand des conjonctures graves se présentent, M. Billault a prononcé un jour devant le Corps législatif, en réponse à M. Jules Favre, des paroles d'un haute portée sur la question si grave de la liberté de la presse.

Au moment où s'étudie le projet de loi qui a pour but d'étendre cette liberté, en s'efforçant peut-être en vain d'en régler le paisible exercice, il ne nous semble point superflu de reproduire ces paroles de l'illustre orateur, qui sont toujours actuelles et qui, ayant obtenu, lorsqu'elles furent prononcées, les plus chaleureuses sympathies des membres de la Chambre, peuvent contribuer en ce moment à éclairer, à diriger même leurs délibérations.

..... J'entends parler des conséquences du décret du 24 novembre, et nous avons vu ici, avec la circonspection que commande cette enceinte, ailleurs, avec tout l'entrain d'une espérance nouvelle, attaquer, sous ce prétexte, toutes les conditions fondamentales de la situation actuelle. L'abrogation des lois de sûreté, de la loi sur la presse, de celles sur le droit de réunion ; dans les élections, l'abandon des candidats gouvernementaux en présence des candidats hostiles ; la métamorphose prochaine du gouvernement fondé sur la Constitution de 1852 en ce qu'on appelle le gouvernement parlementaire, toutes ces choses ont été produites, proclamées comme les conséquences directes, nécessaires, immédiates du décret du 24 novembre. N'en croyez rien, Messieurs : le gouvernement n'entend laisser entrer dans la citadelle dont la France lui a confié la garde, ni ennemis déclarés, ni ennemis déguisés.

..... La presse, vous le savez, est le plus grand, le plus efficace de tous les instruments d'attaque contre les gouvernements ; tous les gouvernements se sont trouvés aux prises avec elle ; tous lui ont livré des batailles plus ou moins fréquentes, plus ou moins heureuses. Combien a-t-elle tué de gouvernements en France ? Vous pouvez les compter. (Une voix : Trois !)

..... Que venez-vous donc dire, qu'il y a des opprimés en

France qui ne peuvent élever la voix, qui ne trouvent personne pour les défendre, que l'arbitraire est possible partou et qu'il ne peut être signalé nulle part?

Je le répète et le Corps législatif le constatera avec moi il n'y a pas un homme, pas un être souffrant, se plaignan à tort ou à raison, qui, croyant avoir un grief, ne puisse fair appel à la tribune du Sénat, et, par cette tribune, à l'opinion publique de la France et de l'Europe.

C'est là une de ces garanties fondamentales qui, je le sais ne conviennent pas aux manœuvres des partis. Il peut leu mieux convenir d'employer un journal pour jeter à pleine mains la calomnie sur le gouvernement, sur les fonctionnaires, sur les bons citoyens. Ils peuvent ne pas trouver mauvais quand un homme aura vieilli vingt ans au service de son pays quand il aura la conscience de l'avoir servi loyalement, honnêtement, et souvent pour toute récompense, cette conscienc elle-même, que le premier venu, à l'aide d'un journal, puiss l'attaquer, l'accuser, le livrer à la risée publique. Sans doute la loi assure à l'offensé la faculté de répondre ; il n'aura pas le dernier mot, et, de discussion en discussion, il arrivera à une véritable impossibilité d'obtenir justice. Les juridictions sérieusement organisées valent mieux pour les citoyens ; elle donnent de plus efficaces garanties ; elles assurent mieux la justice.

..... Vous dites que contenir la presse, c'est étouffer la vérité.

Je voudrais ici une distinction.

Je reconnais avec vous que, dans la pratique de ce granc mode d'émission des pensées individuelles tendant à se fair accepter par la pensée publique, il y a des hommes éminent par leur talent, par leur conscience, par les services qu'il ont rendus. Je reconnais à ceux-là le droit de guider l'opinion le droit de conseiller la politique, le droit de discuter devan le pays les grandes questions qui l'intéressent.

Mais, à côté de ces hommes investis de la considération publique, n'y en a-t-il pas d'autres, les uns à qui leur valeur intellectuelle ne donne guère le droit de se poser en conseillers, les autres à qui leur pensée hostile au gouvernement, mais couverte de plus ou moins d'habileté, ne saurait donner toute latitude pour attaquer directement ou indirectement les bases mêmes et les fondements de l'état social.

Ne dites donc plus que la presse périodique est l'unique *Palladium* des droits des citoyens. Reconnaissez plutôt que c'est une institution d'une puissance exceptionnelle, bien délicate dans son fonctionnement, qui peut, à certains jours, rendre de grands services, qui peut, en d'autres jours, provoquer de grands malheurs.

Et qu'est-ce donc que cette espèce d'immunité d'indépendance absolue que vous réclamez pour la presse? Qu'un citoyen, autorisé de son talent, de la valeur de ses idées et de la considération dont il jouit, veuille produire son opinion individuelle, il le peut sans aucune entrave et en toute liberté. Mais, quant à la nouvelle combinaison collective organisée pour l'émission de la pensée, qui s'appelle un journal, qu'est-ce autre chose qu'une tribune publique ouverte, chaque matin, à la pensée de tous.

Eh bien, messieurs, lorsqu'ici, pour avoir le droit de parler sur les affaires de l'État, il faut avoir été choisi par des milliers d'électeurs, il faut offrir la garantie de la confiance du pays; lorsque vous n'aurez le droit de parler que pendant votre session sur les choses qui vous sont soumises, avec la circonspection et la prudence que commandent et votre propre sentiment des affaires publiques, et le règlement de la Chambre, et l'autorité de son président; lorsque vous restez ainsi limités dans l'exercice de vos droits, n'importe qui, en dehors de cette enceinte, pourrait, sans aucune garantie, ouvrir un journal, parler chaque matin au public du haut de cette tribune, et y dire ce que ses bonnes ou mau-vaises intentions lui auraient suggéré !

Il faut faire à chacun sa part, à chacun sa situation. Vou demandez que, par cette puissance extraordinaire de la presse on donne toutes les latitudes du droit commun ! Vous parle de liberté du commerce. Je n'aime pas à assimiler ainsi le choses matérielles aux choses de l'esprit, et le mercantilism au sacerdoce que, dit-on, exerce la presse. Mais enfin il y dans le commerce certaines denrées dont l'usage peut êtr funeste à la santé publique.

Ne vous étonnez donc pas que l'on suive ici une autre règl qui est aussi de droit commun.

C'est qu'il y a dans le monde et dans les sociétés les mieu organisées des esprits imprudents, ardents, perturbateurs qu'il n'est pas sage de laisser aux entraînements de leur ca ractère des armes dangereuses, matérielles et morales, qu'il faut bien, dans l'intérêt de la société elle-même, im poser certaines conditions à l'usage de ces armes, dont toute-puissance est aussi grande pour le mal que pour bien.

Il y a pour le monde une autre grande force dont le gén de l'homme a doté la civilisation : c'est la vapeur. Celle-aussi peut faire éclater tout ce qui l'environne. Eh bien, el aussi est soumise à une surveillance continuelle ; on ne confie pas au premier venu pour en faire usage, à l'aventur aux risques et périls de tous.

Vous dites que les précautions prises sont l'arbitraire ; lieu de la surveillance du gouvernement, vous réclamez répression de la justice.

Oui, je le reconnais, le gouvernement, par le décret 1852, a le pouvoir de supprimer le journal qu'il considè comme dangereux pour la sûreté de l'État.

Faut-il à ce moyen, incontestablement efficace, substituer moyens judiciaires ?

Messieurs, nous connaissons le passé. Le gouvernement de la branche cadette des Bourbons s'est défendu par les moyens judiciaires. De 1830 à 1847, les condamnations accumulées contre la presse ont représenté près de 250 ans de prison et plus d'un million d'amende; et la monarchie d'Orléans est tombée.

C'est qu'effectivement il y a dans le maniement de cette arme qui s'appelle *la presse*, dans le maniement de l'esprit français, dans les ressources et les subterfuges des habiletés de plume, dans la réaction trop facile contre les sévérités à l'égard des délits de l'intelligence, il y a dans tout cela des difficultés et des conditions spéciales devant lesquelles la justice, si sévère qu'elle soit, finit par devenir impuissante.

..... L'amendement proposé par l'honorable orateur auquel je réponds et ses collègues demande la liberté absolue et sans condition pour la création d'un journal, sauf la répression par le jury des crimes et délits que le journal pourrait commettre.

Savez-vous ce que cette doctrine politique a produit? Elle a été pratiquée pendant bien peu de jours; mais enfin elle l'a été : c'était en 1848. Il est né, à cette époque, 327 journaux. Et vous pouvez juger par leurs titres ce qu'ils valaient pour la paix du pays : *Le Père Duchêne*, *le Christ républicain*, *le Bonnet rouge*, *le Journal de la Canaille*, etc.

Il faut, quand on veut apprécier des principes, les juger par ce qu'ils produisent. Je sais bien que, dans un temps de calme comme aujourd'hui, quand la main prudente et ferme de l'Empereur a fait rentrer sous terre toutes ces misérables passions qui dominaient alors, le mal n'éclorait pas aussi vite; mais quand les mauvaises herbes commencent à pousser dans un champ, le développement, si on n'y met ordre, en devient de plus en plus rapide.

..... L'Empereur, vous le savez bien, a reçu de la Franc la mission de fonder en ce pays quelque chose de stable, d' consolider l'apaisement des esprits, d'y effacer les souvenir irritants du passé, d'y faire disparaître tous ces ferment d'agitation matérielle et morale que nous a légués plus d'u demi-siècle de révolutions. En présence de ce mandat d salut, croyez-vous que le moment soit venu d'ouvrir la port à une liberté de presse pour chacun de ces partis, pou chacun de ces mouvements d'opinions qui, impuissants parc qu'ils sont contenus, pourraient bien vite, isolés ou réunis abuser de tant de condescendance?

Ce sont là, messieurs, des questions que résout le plu simple bon sens; le plus simple bon sens proclame que quand il y a des individus pouvant se servir dangereusemen d'une arme puissante, il faut ou ne pas la mettre entre leu mains, ou ne le faire qu'à des conditions qui puissent le empêcher de nuire.

..... La législation sur la presse sera maintenue. Est-ce qu vous croyez qu'il n'y a pas parmi nous d'ennemis de l'ord de choses établi, et tout prêts à user de ce puissant moye d'affaiblissement et de destruction, quand ils en auront liberté? Est-ce que vous croyez que, dans les divers part que je vous ai énumérés, dans les partis violents comme da les partis habiles, il n'y a pas des gens à l'affût de tous l moyens pour profiter d'une nouvelle arme? Est-ce que vo croyez, par exemple, qu'il n'y a pas des gens (j'ai les preuv en main) dans le parti de la révolution brutale, cherchant créer des excitations qu'ils puissent utiliser un jour? Est- que vous croyez qu'il n'y a pas, dans les partis de l'hostili habile, des gens dont le rêve est de se préparer à de nouvell commotions? N'avons-nous pas lu, dans un livre récemme saisi : « Le gouvernement impérial ne saurait durer : discuto quelle forme on pourrait lui substituer?

En présence de ces faits, le gouvernement ne saurait abandonner la haute tutelle de ce grand moyen d'action sur l'opinion publique. Non, messieurs, il ne l'abandonnera pas...

Ces paroles de l'éminent ministre s'imposent aux méditations de tous les honnêtes gens. Après les avoir recommandées à l'attention des esprits aventureux ou imprudents qui veulent nous précipiter prématurément dans une nouvelle épreuve de la liberté de la presse, nous n'y ajouterons rien, sinon que la Chambre les couvrit de ses applaudissements, non pas seulement parce qu'elles étaient très-éloquentes, mais aussi parce qu'elles étaient vraies de tous points, et sages, et droites, et d'une loyale, surtout d'une prévoyante politique.

Cependant les choses se sont-elles tellement modifiées, depuis six années, dans la situation intérieure du pays, que ce que M. Billault déclarait bon soit devenu mauvais, et que ce qu'il déclarait mauvais soit devenu bon ?

Nous ne saurions le croire, et les amis sincères de l'Empereur ne le croiront pas plus que nous.

LE DÉCRET DE 1852 SUR LA PRESSE.

25 avril.

Il ne faut abroger une loi pour la remplacer par un loi nouvelle, que si elle est tout-à-fait inefficace o absolument mauvaise. Autrement, il suffit de la teni en harmonie avec les nécessités du temps, au moye de modifications graduelles et discrètes.

Rarement on se trouve bien de s'écarter de ce pro gramme à l'usage de tout bon gouvernement.

Si cela est vrai, et il nous paraît qu'on n'y peu contredire, on est en droit de se demander commen la législation sur la presse pourrait être radicalemen changée aujourd'hui sans un grave dommage, même sans un sérieux danger.

C'est du 17 février 1852 que date cette législation, établie par un décret organique. Elle a rendu, depuis juste quinze ans, tant de services; elle a pesé d'un poids si léger sur le journalisme; elle a si bien préservé la société et la paix intérieure de l'État, que c'est une grande erreur de vouloir aujourd'hui lui substituer un autre régime.

Lorsque, à la suite d'événements qui mettaient en déroute les espérances folles ou coupables des partis, le gouvernement régularisa la situation de la presse politique, il ne désarma pas vis-à-vis d'elle, parce qu'il s'était suffisamment instruit à l'expérience laborieuse du passé. Il savait que les écrivains allaient user de leur indépendance recouvrée pour engager la bataille indifféremment contre tous ses actes et contre lui-même; il voulut du moins se réserver le droit de se défendre, et d'empêcher qu'on n'entamât trop avant les principes salutaires dont il était à la fois le restaurateur et le gardien. Pour que la licence ne pût se produire, il mesura la liberté; pour que le désordre ne surgît pas un jour du sein de la règle, il traça des limites à la presse, sauf à tolérer parfois, aux jours d'apaisement, qu'elle en sortît pour courir certaines aventures; afin de n'être point débordé, il créa une pénalité à la fois bienveillante et sévère, dont il usa avec une modération extrême, mais qui a eu, à si

peu de frais pour les journalistes, tant de bons résultats pour le pays, qu'on lui doit bien quelque reconnaissance et qu'on est autorisé à regretter qu'on s'en sépare.

« Il n'y a eu qu'une bonne loi sur la presse, disait un jour un éminent homme d'État : celle de 1852. »

Si cela est exact, pourquoi veut-on la détruire ?

Cette loi a provoqué beaucoup de critiques amères de la part de ceux qui s'y croyaient froissés dans leur amour-propre, déçus dans leur ambition personnelle, ou atteints dans leurs passions politiques ; mais elle a eu des effets heureux qu'aucun homme sincère ne pourrait méconnaître. C'est à elle qu'on doit le calme relatif qui s'est fait dans les esprits et dont n'ont pu triompher ni les « énergumènes » dénoncés récemment au fouet vengeur de l'opinion, ni les « factieux » qui, depuis plusieurs années, s'efforcent d'exploiter tous les événements du dehors, quels soient-ils, au profit de l'agitation du dedans. C'est grâce à elle, à ses prescriptions et aux craintes bienfaisantes qu'elle a longtemps inspirées, que la France a pu faire des guerres grandes et glorieuses, sans secousse et sans que ses plans de campagne fussent dévoilés à l'ennemi, comme l'avaient été, en 1829, ceux de l'expédition d'Alger, — comme le furent, depuis les relâchements imprudents du pouvoir, ceux de l'expédition du Mexique. C'est à elle qu'il faut faire remonter, au moins en partie, l'honneur de la sécurité publique et de la confiance qui, jusqu'à ces heures dernières, n'a cessé d'animer le pays. Elle a empêché bien des troubles funestes et secondé nombre de développements féconds. Par elle on a eu assez de liberté pour améliorer et pour instruire; par elle on a évité pendant longtemps les entraînements douloureux qui mènent presque toujours aux catastrophes. On a pu la railler, la dénoncer comme arbitraire et lui trouver un caractère trop préventif : il n'en est pas moins vrai que le pays lui doit beaucoup, et que la raison publique s'accorde pour la préférer au régime avilissant de la censure qui fut en vigueur sous la Restauration, à la licence imparfaitement réprimée par l'amende et la prison qui régna sous le gouvernement de Juillet, à l'incroyable oppression que les Républicains de 1848, après les ensanglantements de Juin, furent contraints de pratiquer.

Sous l'influence du décret de 1852, un certain nombre de journaux ont été avertis : peine bien douce si on la compare aux châtiments de la législation antérieure ; quelques-uns ont été suspendus pendant quelques semaines : peine assurément préférable aux arrêts de cours d'assises qui ruinaient le journal et consignaient le journaliste à la geôle ; quelques-uns ont été supprimés : peine très-grave sans doute, mais qui n'a rien de fort terrible en soi, et à laquelle le gouvernement n'a eu recours que sous l'empire des raisons les plus décisives. On s'est récrié contre ce moyen extrême de répression ; mais y était-on raisonnablement autorisé ? D'abord, il n'a été employé que dans des circonstances exceptionnelles et pour des faits énormes ; ensuite, on avait, pour s'y résoudre, les précédents de M. de Villèle, que les légitimistes ne critiqueront pas ; ceux de M. Thiers, qui ne laissent point de prise aux doléances des orléanistes ; de plus, ceux du général Cavaignac, contre lesquels les républicains honnêtes ne voudront point s'insurger.

Mais combien donc de suppressions ont été prononcées depuis le décret organique ?

Une en 1852 ;

Une en 1854 ;

Une en 1857 ;

Deux en 1858 ;

Deux en 1860 ;

Une en 1866.

En tout huit suppressions en quatorze années. Encore faut-il remarquer que, sauf deux ou trois exceptions, les journaux supprimés ont reçu l'autorisation de reparaître sous de nouveaux titres. Sévère pour l'exemple, mais tolérant à l'excès par principe, le gouvernement frappait quand il était indispensable ; mais aussitôt il guérissait la blessure qu'il avait été obligé de faire. Assurément, on ne peut nier qu'il a usé avec une modération sans pareille du pouvoir discrétionnaire dont il était armé ; cependant la presse lui a donné très-fréquemment le droit de la frapper.

Il a dédaigné bien des attaques, bien des injustices, bien des outrages. Il n'a sévi que quand l'intérêt public le lui commandait impérieusement, c'est-à-dire dans des occasions pour ainsi dire solennelles où certains journaux, oubliant tous les devoirs du patriotisme et de l'honneur national, le forçaient de se souvenir qu'il avait contracté l'obligation de sauvegarder la paix intérieure, de venger de criminelles agressions, de châtier des complicités scandaleuses.

Cependant, en novembre 1860, l'Empereur a spontanément agrandi le cercle de la liberté; il a donné à la presse de nouvelles et plus grandes franchises; il a convié le journalisme à toutes les discussions. Est-il vrai que cette initiative généreuse ait inspiré aux écrivains de l'opposition une polémique plus loyale, n'étant plus soumise à la même retenue? En vérité, cette question est puérile, et nous n'y voulons point répondre, tant il nous paraît que l'opinion est faite sur ce point, et tant on est d'accord pour reconnaître que les partis se sont servis de la liberté uniquement pour des œuvres d'injustice, de perfidie et de malveillance. Depuis l'inauguration d'un régime plus libéral, les factions ont gagné du terrain et le gouvernement en a perdu; le doute, gagnant de proche en proche, s'est emparé d'esprits qui se croyaient bien affermis contre ses conseils et contre ses ravages; l'horizon politique s'est rembruni peu à peu, et dans le lointain se dessinent des perspectives qu'on supposait à tout jamais disparues.

Voilà la vérité exacte; voilà, nous l'affirmons, les résultats les plus nets des réformes de 1860.

Eh bien, ces réformes vont avoir un lendemain; c'est-à-dire le gouvernement propose de les compléter par un système entièrement contradictoire avec le régime salutaire inauguré en 1852, un système qu'on ne croyait pas voir renaître et dont on comprend mal qu'il se promette quelque bien.

Que le régime de 1852 soit susceptible de modifications dans le sens indiqué par la lettre impériale du 19 janvier, nous ne le méconnaissons pas; mais, après que, dans la plénitude de son exercice, il a tant servi à l'affermissement du pouvoir, à la sécurité sociale, à la grandeur de la patrie, on demeure surpris qu'on le supprime, pour lui préférer une législation renouvelée d'un passé agité, et qui, deux fois appliquée déjà, a laissé deux révolutions formidables s'accomplir entièrement, si même elle ne les a pas favorisées, provoquées et fait éclore.

LA LIBERTÉ DE L'IMPRIMERIE.

3 mai.

Si le projet de loi sur la presse commence par une dangereuse imprudence, il finit par une erreur formidable.

L'article dernier de ce projet de loi déclare, en effet, l'imprimerie libre de toute liberté. C'est-à-dire la société désarme complétement vis-à-vis de la pensée écrite, imprimée, répandue; elle brise de ses mains les suprêmes barrières qui la protégent encore contre les excès de la presse; elle court au-devant des dernières disgrâces, en les provoquant, en se faisant leur complice, en se rendant d'elle-même impuissante contre leur influence et leurs ravages. Est-ce sage, cela, et le Corps législatif peut-il y adhérer? Quand on se crée des dangers, il faut au moins se ménager les moyens de les combattre, sinon de les vaincre; mais accumuler contre soi les plus graves périls et ne se réserver aucun recours contre eux, voilà ce qui ne se comprend point et ne saurait raisonnablement être admis, consacré, voté.

Avec l'imprimerie libre sans contrôle, ce n'est plus seulement le journal ennemi que l'ordre social aura à redouter, ce n'est plus seulement le libelle ou le pamphlet; c'est encore et surtout l'écrit factieux à outrance, insaisissable parce qu'on ignorera presque toujours de quelles presses il sera sorti, dangereux précisément à cause de son caractère occulte, recherché et partant funeste par le fait même de sa clandestinité.

On n'a pas l'air de savoir, de pressentir cela; cependant c'est la vérité pure.

Aujourd'hui, tout imprimé doit porter son estampille; c'est-à-dire le nom de l'imprimeur breveté qui l'a lancé dans le public, après déclaration et dépôt préalables entre les mains de l'autorité. Cette « marque de fabrique » est la garantie de la « marchandise » pour le gouvernement, la société, les familles, les citoyens. Dans le nouveau projet de loi, on s'efforce bien de la conserver; mais c'est vainement, et la précaution qu'on prend à ce propos est tout-à-fait illusoire. Ce qui est praticable vis-à-vis de quatre, de six, de douze industriels connus, ayant à préserve en même temps que leur propre honneur, leurs intérê et jusqu'à leur situation tout entière, sera évidemmei et fatalement impossible quand ces industriels s compteront par centaines, presque par millier dépourvus la plupart de notoriété et de responsabilit possédant un matériel de peu de valeur, et n'ayaı pas à redouter, pour les infractions les plus graves la loi, même la perte d'un brevet qui n'existera plu

Lorsqu'on voudra imprimer un écrit immoral, o diffamatoire, ou séditieux, ou incendiaire, on y mett quelque prudente fraude ou plutôt quelque perfid habile : on lui donnera une apparence étrangèr on le confectionnera à l'abri de tous les regards, c se gardera naturellement de le déposer, on n'y mett rien qui puisse dénoncer son origine, et, en jetant sans bruit dans la circulation, on défiei toutes les surveillances imaginables, l'on échappeı sans peine à toutes les répressions.

Voilà ce qui se pratiquera infailliblement et à pe près impunément sur toute la surface du territoir mais surtout dans les grandes villes, où le secret d'u travail clandestin est plus aisé à conserver, et où multiplicité des ateliers d'imprimerie rendra l'actio autoritaire ou impossible ou inefficace.

Eh bien, est-ce là de la liberté raisonnable et bie comprise ?

La liberté a sans doute de grands mérites lorsqu'el

demeure soumise à des règles susceptibles de fournir à chacun et à tous des garanties contre son exercice; mais elle offre invariablement de grands inconvénients, même de grands dangers, quand elle est dépourvue de frein, quand elle échappe à tout contrôle, quand on en peut faire abus au préjudice du groupe ou seulement d'une portion du groupe social. Si cela est vrai en thèse générale, et l'on ne saurait refuser de le reconnaître, cela est d'une évidence bien plus saisissante dans le cas spécial qui nous occupe. Comment, voilà une liberté de l'ordre politique, religieux et moral, qui, abandonnée à elle-même, sera préjudiciable aux intérêts collectifs de la société comme aux intérêts individuels des citoyens; et on l'établira tout-à-coup comme on a établi la liberté commerciale par exemple, ou la liberté industrielle, parce que toutes les libertés sont bonnes, dit-on, et que tout ce qui les entrave est mauvais ! Allons donc, cette énormité n'est point admissible; aucune Assemblée française n'y voudra souscrire.

Devant la liberté de l'imprimerie la République de Février a reculé, elle qui ne reculait devant aucun excès. Est-ce que, depuis tantôt vingt années, notre tempérament aurait changé à ce point qu'il puisse s'accommoder, en 1867, d'un régime dont les hommes de 1848 n'ont pas osé nous infliger la redoutable expérience ?

Question à examiner.

On a, il y a quelque temps, proclamé la liberté de

la boulangerie et la liberté de la boucherie dans le bu de déterminer le bon marché de la viande et du pain Or, il est arrivé précisément que le pain et la viande au lieu de diminuer, ont haussé de prix en de telle proportions que, dans maintes villes, on a déjà rétab les taxes, et qu'on s'y prépare presque partout où l'o n'a pas eu recours encore à cette mesure conservatoir et préservatrice.

Ce précédent ne devrait point être oublié ; cett leçon ne devrait pas être perdue dans l'affaire de l'im primerie, bien autrement sérieuse. Le mal résultan de la liberté d'imprimer serait, en effet, infinimen pire et plus rapide que celui résultant de la liberté d vendre les produits de la boucherie et de la boulan gerie ; par surcroît, on y pourrait plus difficilemen remédier. On en souffrirait, non pas seulement dans l présent, mais encore et surtout dans l'avenir, et, mêm quand on croirait l'avoir corrigé, il laisserait aprè lui des traces ineffaçables et comme une semence don la fécondité incessante serait irréparablement funest

Nous n'exagérons pas. Combinée avec l'abrogatio de l'autorisation préalable, la liberté absolue de l'im primerie serait le plus infaillible élément de dissolu tion sociale. Rien n'y résisterait, et, dans le naufrag ce n'est pas seulement l'autorité des gouvernants q sombrerait, c'est encore la foi des peuples ; ce n'es pas uniquement la force politique que l'on verra s'épuiser et mourir, c'est l'énergie morale et la virilit même du pays.

Pour justifier la mesure, on parle de droit commun, il est vrai : mot commode, d'un usage à présent devenu général; lame à tout manche, à l'aide de laquelle on pourrait imprudemment faire bien des blessures. Le droit commun, qu'on veut fourrer partout, n'existe, en réalité, presque nulle part, et il ne peut point exister, en effet, sans dommage et sans trouble. Est-ce dans la médecine, par exemple, qu'on le rencontre, ou au barreau, ou dans la pharmacie, ou dans la vente du tabac, ou dans le débit des boissons ? Mais s'il n'est point là, et il nous serait aisé de poursuivre presque indéfiniment l'énumération des situations où il fait défaut, il ne nous semble pas tout-à-fait utile d'en affliger l'imprimerie.

Et voyez la contradiction : en ce moment même, on s'occupe de réglementer le commerce des engrais, et de l'enlever ainsi au droit commun, pour établir que tout doit être hors du droit commun, parce que le droit commun est une redoutable erreur quand ce n'est pas un mensonge.

Pour bien parler, on en arrivera à ce point que le droit commun ne se trouvera en aucun lieu, sinon dans l'imprimerie, d'où il doit demeurer exclu rigoureusement, mais où l'on a la fantaisie malavisée de l'introduire, en dépit du bon sens, de la raison et de la sécurité publique.

Évidemment, les rédacteurs du projet de loi ont eu la volonté de faire le bien, lorsqu'ils ont proposé la liberté de l'imprimerie, devançant ainsi une pensée qui ne se fût jamais formulée, des souhaits que nul, même parmi les plus exagérés des radicaux, n'eût jamais osé produire. Ils se sont trompés. Le Corps législatif le leur indiquera nettement, en refusant de s'associer au moins à cette portion de leur œuvre, et en maintenant sévèrement la règle actuelle, qui est pour le gouvernement une garantie nécessaire, et pour la société une indispensable sauvegarde.

L'AUTORISATION PRÉALABLE.

Nous nous sommes prononcé nettement pour le maintien de l'autorisation préalable, parce que là seulement se trouve une garantie suffisante contre l'abus de la liberté.

La presse est un outil dangereux, à l'égard duquel on ne saurait prendre de trop grandes précautions ; c'est une arme terrible, dont il faut être toujours à même d'émousser le tranchant.

« Nos journaux, dit M. Fernand Giraudeau, ne sont pas, comme ceux des Anglais, des instruments de publicité, mais des instruments de polémique. Ils ne se contentent pas d'être de grandes agences de renseignements littéraires, économiques et politiques : ils ont une idée plus haute de leur mission. Ils ne se bornent pas à refléter l'opinion publique ; ils veulent la conduire, la former. Ce sont des professeurs, des instituteurs publics ! Eux-mêmes ils se décernent ces noms. Soit. Mais alors qu'ils se plient à la règle commune. Le professeur doit avoir un diplôme. L'État le nomme, le surveille et le révoque. On trouve cela bien, et nul ne dit que l'enseignement n'est pas libre. Dit-on davantage que la liberté de la défense n'existe pas, parce qu'à des avocats diplômés, inscrits, est réservé le droit de parler à la barre ? »

Sur le même sujet M. Léon Vingtain a écrit ces lignes :

« Tout citoyen auquel la parole publique a été confiée, a été censuré à l'avance : le professeur par l'investiture, l'avocat par le stage ; chacun reçoit en quelque sorte une commission révocable, car le gouvernement ou des conseils disciplinaires veillent sur lui. Et tout citoyen pourrait, de son autorité privée, créer un journal, tribune bien autrement puissante que la chaire du professeur ! »

Tout cela est vrai et ne saurait être contesté.

Le sentiment qu'une protection préventive doit être prise vis-à-vis du journaliste est, d'ailleurs, si naturel et si général, que M. Émile de Girardin disait autrefois :

« On ne saurait trop désirer que les gérants des journaux fussent députés ou au moins éligibles. »

Si l'on supprimait l'autorisation préalable, la loi, si sévère fût-elle dans les peines qu'elle édicterait, serait illusoire et frappée à l'avance d'inefficacité ; il en résulterait presque infailliblement de grands malheurs. On verrait des journaux faire publiquement appel au désordre, sans souci de l'amende et du cautionnement, de la suspension ou de la suppression ; on en verrait d'autres provoquer à la révolte et peut-être à l'assassinat.

« On écrit, disait autrefois le *Journal des Débats*, on parle en toute sécurité ; et puis, au bout de deux ans, il n'y a pas un mot imprudent qui ne se traduise en coups de fusil. »

La *Presse* ajoutait :

« Il y a tous les jours à Paris vingt journaux qui disent que la cour et le gouvernement trahissent la France... La même idée qui met la plume à la main des penseurs met le fusil à la main de l'assassin. »

M. de Barante disait :

« Vous n'avez pas eu une sédition, pas un trouble public où l'action directe des journaux ne soit pour quelque chose. Toujours vous avez trouvé des rapports directs et habituels entre la rédaction factieuse et l'entreprise factieuse. »

Toutes ces paroles, toutes ces déclarations doivent être méditées, parce qu'elles renferment le vrai d'une situation qui est toujours actuelle, quiconque occupe le pouvoir, quel que soit le régime en vigueur, quelque forme que revête l'autorité gouvernementale. L'histoire du passé est un enseignement qu'on ne peut méconnaître sans un grand dommage ; bien étudiée, elle empêche l'homme de vieillir dans son enfance et de courir aveuglément au-devant des périls; méconnue, elle est comme ces lumières incertaines et trompeuses qui égarent la marche du voyageur et le conduisent parfois aux abîmes.

M. Sauzet, un jour, a bien précisé la question en parlant ainsi :

« Pour que la répression soit efficace, il faut qu'elle empêche le retour du délit. Autrement, les condamnations ne sont que des vexations mesquines ou d'inutiles vengeances. »

Cela était supérieurement dit. Mais, pour que la « répression soit efficace et qu'elle empêche le retour du délit, » il est indispensable, absolument indispensable, que l'autorisation préalable soit maintenue, c'est-à-dire que tout journal, avant de paraître, en ait obtenu la permission. Autrement, on verra ce spectacle : un journal sera condamné à la suppression, pour des faits excessifs, pour des excitations criminelles, pour des appels aux pavés, pour des encouragements à l'assassinat; et, le jour où il cessera sa publication, son rédacteur défiera la loi, il se rira d'elle, il la conspuera en créant un autre journal. Cela sera un scandale d'accord; mais le scandale se produira infailliblement, et infailliblement il sera applaudi.

Rappelez-vous l'histoire du *National.* Condamné, par la cour de Versailles (pour compte-rendu infidèle), à ne plus parler, pendant deux ans, des débats judiciaires, il changea tout simplement de nom, ou plutôt il ajouta deux mots au sien. Le *National* cessait de paraître; le *National... de* 1834 lui succédait, et l'arrêt de la Cour d'assises devenait caduc.

Cette comédie n'était ni digne, ni sérieuse; on la trouva spirituelle, et l'on rit beaucoup du tour plaisant joué à la justice par le journaliste républicain.

Nous avons cité l'opinion de quelques hommes sur les excès de la presse. Poursuivons dans cette voie; mais, avant, rapportons ce passage d'un document célèbre qu'on a beaucoup combattu, sans contester toutefois qu'il contînt de grandes vérités :

« Les agitations sont presque exclusivement produites et excitées par la liberté de la presse, disait le rapport accompagnant les ordonnances de Juillet. Ce serait nier l'évidence que de ne pas voir dans les journaux le principal foyer d'une corruption dont les progrès sont chaque jour plus sensibles. A toutes les époques, la presse périodique n'a été, et il est dans sa nature de n'être qu'un instrument de désordre et de sédition. C'est par l'action violente et non interrompue de la presse que s'expliquent les variations trop subites, trop fréquentes de notre politique intérieure. Nulle force n'est capable de résister à un dissolvant aussi énergique que la presse. »

L'Exposé des motifs des lois de Septembre, œuvre inspirée par l'un des plus illustres personnages du Corps législatif actuel, contenait ces phrases :

« Une partie de la société vit au milieu de la plus épouvantable anarchie ; on dirait, en lisant les papiers publics, que la France est déchirée en une multitude de gouvernements qui se disputent le pouvoir à l'aide de l'injure, de la calomnie, de la confusion de tous les principes politiques... Il faut des peines sévères contre les délits, des peines énormes contre les crimes qui s'adressent à la personne du roi, au principe et à la forme de son gouvernement. C'est la condition sans laquelle il ne peut y avoir de liberté de la presse. Autrement cette liberté dégénère en licence, et la licence de la presse finit par devenir funeste aux gouvernements les mieux constitués. »

M. Franck-Carré disait en 1834 :

« Une presse hostile foule aux pieds la maxime fondamentale de notre politique, et désigne aux coups des assassins politiques la personne du roi, à l'aide d'artifices de langage et de désignations transparentes qui la montrent à tous, excepté peut-être à la justice. »

Et M. le maréchal Bugeaud, en 1835 :

« J'aime mieux avoir des entrailles, de l'humanité pour 3 millions de Français, que pour des journaux incendiaires Les journaux ont juré d'empêcher le pays de jouir du repos et l'on veut que j'aie de l'humanité pour eux ! Mais s'il éta possible de tuer le journal incendiaire, je le tuerais du pre mier coup. »

Et M. de Lamartine, vers la même époque :

« La presse, à quelques exceptions près, a mal mérité d pays; elle n'a pas été digne de sa haute et sainte mission, d sa dictature intellectuelle et morale ! je le confesse et j'e rougis : le pays vaux mieux que son expression; l'espri public est plus sain que ses organes. Oui, la presse, depui quatre ans, distille à chaque ligne la haine, la calomnie l'outrage; elle sue l'insurrection et l'anarchie. Combien d fois n'en ai-je pas gémi ! Combien de fois n'ai-je pas partag vos légitimes indignations ! Combien de fois n'ai-je pas ét tenté de la maudire moi-même et de lui souhaiter un bâillon de fer ! »

Et M. le duc de Broglie :

« Semblable à ce scélérat dont l'histoire a flétri la mémoire et qui avait empoisonné les fontaines d'une cité populeuse, la presse empoisonne chaque jour les sources de l'intelligence humaine. »

Et M. Sauzet :

« La fièvre de l'opposition a déclaré une guerre à mort à la Constitution et au pays. Cette guerre, elle la poursuit à outrance, et, tant qu'il lui sera donné de la continuer avec cette audace, ce serait une déception manifeste que d'espérer le repos public. Ainsi, veut-on rallier les intérêts, elle les abuse et les décourage ; calmer les ressentiments, elle les aigrit ; protéger les renommées, elle les brise ; honorer les mœurs publiques, elle les corrompt ; la foi sociale, elle la détruit ; veut-on rapprocher les classes, elle les divise et les irrite ; enfin populariser la royauté et les institutions, elle diffame l'une et représente les autres comme une oppression permanente pesant sur le pays. »

Et M. Havin :

« Depuis cinq ans à peine, nous jouissons de la liberté de la presse ; elle a eu tous les débordements d'un torrent longtemps comprimé ; rien n'a été respecté : la royauté, les grands corps de l'État, les actes politiques, le sanctuaire de la vie privée, tout a passé sous la censure la plus sévère, souvent la plus injuste, et presque toujours la moins motivée. La presse, sauf de rares et honorables exceptions, a abusé de la liberté et est descendue quelquefois jusqu'à la boue, jusqu'à l'ordure. »

Et M. Sénard, en 1848 :

« Nous nous souvenons de ce qui s'est passé en juin ; et, quand nous recherchons les causes qui ont amené ces déplorables événements, nous affirmons que le dévergondage d'une partie de la presse doit être sérieusement compté parmi ces causes. »

Et M. Degousée, dans le même temps :

« Je demande que le pouvoir exécutif, dès cette nuit, fasse arrêter les journalistes, afin que demain ils n'empoisonnent pas la population. Je demande qu'ils soient déportés sur la reconnaissance seule de leur identité. »

Et M. Odilon-Barrot, en 1849 :

« Le péril de la société frappe aujourd'hui tous les regards. Ce péril naît principalement de la déplorable voie que la presse a suivie depuis quelque temps. Les appels aux armes, les provocations à la violence ont remplacé la discussion. »

On prétendra qu'avec des lois sévères, il serait possible de réprimer ces excès. Écoutons à ce sujet M. Émile Ollivier :

« Aucune loi sur la presse, quelque sévère qu'elle soit, ne peut avoir d'action efficace... Je considère l'impuissance de tous les systèmes pour dominer et refréner la presse comme un fait *complétement démontré.* Quelle que soit la juridiction chargée de réprimer les actes de la presse, que ce soit le jury ou le tribunal de police correctionnelle, dans tous les cas, les poursuites ont un effet favorable à la presse et défavorable au gouvernement qui les intente. Il faut donc, quand on parle de la presse, avoir le courage de reconnaître la vérité et dire que tout système répressif est inefficace. »

Écoutons aussi M. Thiers :

« Oui, je reconnais les inconvénients de la liberté de la presse ; je les reconnais dans toute leur gravité. Je sais que la répression légale, elle-même, qui est indispensable pour donner quelquefois aux honnêtes gens indignés une juste satisfaction, je sais que la répression légale n'est pas suffisante pour prévenir les abus de la presse. »

A la suite de déclarations si nettes, on nous permettra de reproduire ces paroles de M. Guizot, qui sont toujours vraies, et dont la lecture devrait être recommandée à plus d'un libéral imprudent de notre époque :

« Quelque dangereux que soit le travail des démolisseurs d'État, s'ils ne rencontraient point d'appui dans d'autres régions sociales et au sein des pouvoirs publics, ils auraient peu de chances de succès. Il faut qu'il y ait des mains tendues d'en haut à ceux qui s'agitent en bas ; il faut que des situations aristocratiques viennent en aide aux passions démocratiques, que des sages prêtent leur crédit aux fous, que d'honnêtes gens couvrent de leur bonne renommée des desseins pervers. »

Le danger que présentent les journaux absolumen libres n'est point local, d'ailleurs. On l'a éprou en Amérique. Écoutons là-dessus Washington :

« Si le mécontentement, la méfiance, l'irritation sont ain semés à pleines mains, écrivait le grand républicain au pr cureur général Randolph ; si le gouvernement et ses officie ont incessamment à subir les outrages des journaux, sa qu'on daigne seulement examiner les faits et les motifs, crains qu'il ne devienne impossible à aucun homme sous soleil de manier le gouvernement, de serrer ensemble l pièces de la machine. »

Et, plus tard, à propos des attaques dont il éta personnellement l'objet :

« Je ne croyais pas, je n'imaginais pas, jusqu'à ces dernie temps, qu'il fût, je ne dis pas probable, mais possible, que lorsque je me livrais aux plus pénibles efforts pour établir un politique nationale, une politique à nous, et pour préserver c pays des horreurs de la guerre, tous les actes de mon adm nistration seraient torturés, défigurés, de la façon à la fois l plus grossière et la plus odieuse, et en termes si exagérés, indécents, qu'à peine pourrait-on les appliquer à un Néron ou même à un filou vulgaire. »

Évidemment, et c'est notre dernier mot dans le déb soulevé par le projet de loi dont est saisi le Corp législatif, toutes les répressions seront insuffisantes et inefficaces si l'on ne place pas entre le journalisme révolutionnaire et la société qu'il menace la sauvegarde de l'autorisation préalable, seule mesure préventive que tous les bons citoyens doivent solliciter le Gouvernement impérial de maintenir, dans l'intérêt de l'ordre. « L'ordre est comme la santé, a-t-on dit : on l'apprécie quand on l'a perdu. » Tâchons de ne pas l'expérimenter une fois encore; et, pour cela, tenons-nous en garde contre des générosités imprudentes qui, si elles ne perdaient pas tout, pourraient du moins tout compromettre.

Le mécanisme qui produit la paix intérieure dont nous jouissons depuis Décembre 1851, et qui a tant contribué à la prospérité comme à la gloire de la patrie, ne pourrait être brisé ou abandonné sans le plus grave dommage. Que le Gouvernement le modifie, pour peu qu'il le juge utile ou opportun : nous n'y verrons pas d'inconvénient s'il garde avec lui la clef de la machine; qu'il précipite même la marche de l'appareil : nous ne demandons pas mieux, s'il en demeure tout-à-fait maître, c'est-à-dire s'il conserve en sa main un frein assez puissant pour arrêter des mouvements désordonnés, prévenir des chocs terribles et préserver le salut commun contre quelque grande catastrophe.

Sous le dernier règne, un illustre homme d'État disait : « La poudre ne se débite qu'à de certaines conditions, déterminées par les règlements; le poisc ne se peut vendre que dans de certaines limites. I presse, qui participe à la fois de la poudre et c poison, ne saurait, dans le pays et dans le temps c nous sommes, jouir d'une liberté sans contrôle et sar garanties : sans cela, elle serait le plus grand des dar gers pour la sécurité du gouvernement, et la pire de calamités pour l'État. »

Si, après avoir lu ces paroles, on les retenait so gneusement en mémoire pour les méditer, on s'e trouverait bien, parce qu'elles sont vraies de tou vérité, et qu'elles tracent à qui sait les comprendi une ligne de conduite sage et toujours bonne à suivr

---

TABLE.

Nantes, imprimerie MERSON, rue du Calvaire, 8.

www.ingramcontent.com/pod-product-compliance
Lightning Source LLC
LaVergne TN
LVHW010041230826
846091LV00005B/1812
* 9 7 8 2 0 1 1 7 5 6 8 6 2 *